AF340476

LETTRE

AUX

HABITANS

DE

MAUZÉ

SAVARY.

M. SAVARY, JUGE HONORAIRE,

Messieurs et honorés Concitoyens,

Le Conseil municipal de cette commune, voulant rendre hommage à la mémoire d'un officier général, chevalier de Saint-Louis, et commandant de la Légion-d'Honneur, mort en l'année 1808, à Mauzé, où il avait son domicile, a pris, le 21 mai 1862, une délibération qui se résume ainsi :

Le Conseil décide que la rue nouvellement ouverte au chef-lieu de la commune et se dirigeant de la Grande-Rue vers la gare des marchandises, recevra une inscription portant ces mots : rue contre-amiral savary.

Cette délibération a été approuvée par un décret de l'Empereur en date du 29 septembre de la même année.

J'ai hâte d'ajouter que dès le temps où le Conseil, animé d'une intention généreuse, arrêtait la mesure qui vient d'être indiquée, je lui exprimai dans les termes les plus sincères, le sentiment de profonde gratitude qu'elle m'inspirait.

Aujourd'hui je me propose de placer sous vos yeux l'ensemble des faits qui ont signalé l'existence du contre-amiral Savary, et dans ce but je reproduirai, en l'accompagnant de courtes observations, la notice qui le concerne dans un ouvrage intitulé *Biographie Maritime ou Notices historiques sur la vie et les campagnes des marins célèbres*, dédié au Prince de Joinville, et publié en l'année 1836, par M. Hennequin, employé supérieur du ministère de la marine.

Aux documens fournis par l'auteur, j'en ajouterai quelques autres seulement. Peu de marins sans doute ont pris leur part de plus d'événements, couru plus de hasards que le contre-amiral Savary, et les détails abondent à ce sujet dans de nombreux journaux ou livres tenus à bord des navires et qui enferment la relation des faits de chaque jour ; mais c'est à un simple précis de ces événements que j'entends me borner.

Toutefois, je reproduirai avec quelque étendue, même en l'abrégeant, une lettre qu'en septembre 1782, le contre-amiral Savary, alors simple officier à bord d'un des vaisseaux de l'escadre commandée par M. de Suffren, adressait, des mers de l'Inde, à M. Savary, de Marans, son cousin germain, en ce temps subdélégué de l'Intendant pour la province d'Aunis.

On voit se révéler dans cette lettre l'aptitude à la guerre de celui dont elle émane; mais sous un autre rapport encore, elle offrirait de l'intérêt, car il y est souvent parlé de l'illustre amiral de Suffren, à la mémoire duquel la ville de Saint-Tropès rendait naguère un éclatant hommage.

Le contre-amiral Savary est rangé, en termes qui l'honorent, au nombre des hommes de ce département dont l'existence a jeté quelque éclat, par l'auteur justement considéré de l'histoire de Niort, qui l'avait personnellement connu. Cet auteur, M. Briquet, extrait d'un ouvrage ancien, pour le lui appliquer, un passage dont je ne citerai qu'une partie, la seule que par un sentiment de modestie qui lui était naturel, le contre amiral Savary eut voulu accepter :

Virum bonum facilè crederes. . . .

TACITE.

« Vous l'eussiez jugé un homme de bien sur-le-champ. . . »

DUREAU DE LAMALLE.

. . . Né à Salles (Charente-Inférieure), le 1er février 1743, il avait épousé une demoiselle Françoise Busseau, fille de M. Joseph-Emmanuel Busseau, conseiller du Roi au siége de l'Election de La Rochelle, née à Mauzé, le 22 mai 1765, et descendant d'une famille qui, depuis un grand nombre d'années, habitait ce pays.

C'est à Mauzé qu'il venait de temps à autre se reposer des fatigues de la mer, et c'est à Mauzé aussi qu'il est venu mourir à l'issue d'une campagne où malheureusement, pour satisfaire aux exigences de son devoir, il avait épuisé ses forces.

Le contre-amiral Savary avait été nommé en dernier lieu, et ce fait seul suffirait à justifier de la haute valeur qu'on lui reconnaissait dans la marine, chef de l'une des divisions de la flotille réunie devant Boulogne par l'empereur Napoléon Ier, pour l'invasion de l'Angleterre. Il en a, pendant près de trois années, successivement commandé l'aile gauche et le centre. Là, obligé chaque jour de faire face à des difficultés de service toujours nouvelles, souvent aux prises avec l'ennemi, car il a aussi commandé la ligne d'embossage, il eut à supporter des fatigues inouïes, et lorsqu'il dut forcément, pour cause de maladie, se rendre dans sa famille, le rétablissement de sa santé était déjà devenu impossible.

Bien longtemps auparavant, sans doute, il avait compris la gravité de son état, et les lettres qui suivent en sont la preuve :

« Boulogne, 26 frimaire an XIII (17 décembre 1805.)

« Général, je viens de commander la ligne d'em-
« bossage ; je suis bien fatigué et indisposé.... »

« 5 pluviôse, même année (24 janvier 1806.)

« Exemptez-moi de faire ce service ; j'étais souffrant
« lors de ma dernière rentrée ; aujourd'hui je suis ma-

« lade. J'ai bien assez à faire ici du commandement
« des deux escadres du centre..... »

Toutefois, le contre-amiral Savary ne s'éloigna point
de son poste, et dans le cours de l'année 1806, on le
voit encore combattant sur les bâtiments de la ligne
d'embossage.

Le 2 frimaire (22 novembre) de cette même année,
il est porté à l'ordre du jour de la flotille impériale
publié par le major-général Lafond. Dans cette pièce,
imprimée, il est dit que le 27 brumaire (cinq jours auparavant), l'ennemi s'est présenté devant la rade de
Boulogne, avec quarante-sept bâtiments de guerre,
dont deux vaisseaux, plusieurs frégates, bombardes
et bricks; qu'il a, dans la nuit du 27 au 28, dirigé
plusieurs brûlots sur la ligne d'embossage; que le 29,
dans la nuit, il a renouvelé son attaque et lancé une
grande quantité de bombes; mais que par leur audace
et leur sang-froid nos marins ont repoussé tous les
moyens de destruction et réduit l'ennemi à la honte
de se retirer après avoir échoué dans ses tentatives in-
cendiaires.

Le contre-amiral SAVARY est signalé par le major-
général Lafond, au nom du général commandant en
chef la flotille impériale, comme s'étant particulièrement distingué dans ces divers engagements.

Plus tard cependant, vaincu par la fatigue, ainsi
que je le disais tout à l'heure, il dut rentrer dans sa
famille. Il s'y livra tout entier au repos, pendant longtemps; puis, s'abusant un jour sur quelque apparence
de mieux dans sa santé, il crut qu'il allait pouvoir
reprendre son service et se hâta de former une de-

mande à ce sujet ; mais son espoir devait être cruellement déçu.

Quand survint sa mort, le 22 novembre 1808, cinquante années s'étaient écoulées depuis qu'il avait commencé à naviguer. On lit, en effet, ce qui suit dans le récit qu'il a laissé, écrit de sa propre main mais inachevé, des divers événements de sa vie.

« En mil sept cent cinquante-huit, j'embarquai pilotin sur un grand vaisseau particulier, appartenant à MM. *Paillet* et *Meinardy* de la Rochelle, et commandé par M. *Blay*. »

Durant ce long espace de temps, il n'avait jamais cessé d'appartenir à la marine, naviguant alternativement, dans les premières années, sur les bâtiments de l'État, pendant la guerre, et sur les bâtiments de commerce, notamment ceux de la compagnie des Indes, dès que la paix régnait.

Le passage qui vient d'être rapporté est précédé de cet autre dans le manuscrit.

« Là (sur le port, à la Rochelle), le désir de naviguer, de devenir marin me prit. L'on m'envoya aussitôt à l'école du pilotage chez M. *Mossu*, hydrographe ; puis au bout de six mois on me donna un certificat portant que je savais très-bien faire mon point et ferais bien un journal. L'expérience m'a démontré depuis qu'il me restait presque tout à apprendre. »

Souvent le contre-amiral Savary a regretté de n'avoir reçu qu'une éducation imparfaite quand il était jeune, et nous le verrons tout à l'heure, avec une humble franchise, en faire lui-même l'aveu devant son propre fils. Il est donc permis d'admettre que pour parvenir dans sa carrière il a longtemps rencontré des obstacles particuliers à vaincre.

Qui pourrait le lui imputer à faute? Devenu, extrêmement jeune, orphelin de père et de mère, il était resté à peu près sans nulle fortune et sans appui, et s'il commençait pour ainsi dire encore enfant le dur métier d'homme de mer, en même temps qu'il se conformait à son goût, il subissait une nécessité.

J'ajoute, sans aucune pensée de comparaison trop ambitieuse, que naguère après la mort d'un amiral, qui lui s'était embarqué mousse à onze ans, on écrivait : « C'est ainsi que commencèrent les Parceval-Deschênes, les Hamelin et tant d'autres qui n'ont dû leur élévation qu'à leurs seuls talents. »

Qu'il me soit permis maintenant de transcrire ici quelques passages d'une lettre, qu'à la date du 8 août 1805, le contre-amiral Savary écrivait de Boulogne à son fils aîné, alors que celui-ci bien jeune encore, allait se trouver loin de tous les siens, privé de la direction morale qu'il avait reçue jusque là.

Cette lettre pleine de sages conseils, et restée toujours l'objet d'un pieux respect de la part de ceux pour qui elle était bientôt devenue une sorte d'héritage commun, enseigne quelle était, pour ainsi dire, la moralité du contre-amiral Savary; à ce titre on voudra bien m'excuser, je l'espère, d'oser croire digne de quelque intérêt, un document emprunté aux plus intimes rapports de la famille.

« Boulogne, 20 thermidor an XIII (8 août 1805.)

« Vous allez, mon fils, entrer dans une carrière

« remplic d'écueils de mille genres ; abandonné à vous
« même, c'est à vous par vos mœurs et votre bonne
« conduite à faire en sorte de les éviter tous. . . . . . .
« . . . .
« soyez franc et jamais flatteur ni rapporteur, ces gens
« là finissent toujours par être méprisés. . . . .
« soyez poli avec tout le monde, sans bassesse ; ne
« devenez jamais fier, ni vis-à-vis des riches, ni encore
« moins vis-à-vis des pauvres. . . . .
« soyez honnête homme dans toute la force du mot,
« la probité en tout est la première vertu . . . . . .
« . . . ayez de la religion, croyez toujours au Maître
« de toutes choses. . . . . . Ne vous enorgueillissez
« pas et ne vous prévalez jamais, si vous n'avez pas
« de bonnes mœurs, d'être le fils d'un officier-général ;
« rappelez-vous le zèle qu'a toujours eu votre père
« pour son état, ce qui l'a conduit à bien mériter et
« à être fait en 88 chevalier de Saint-Louis, et à faire
« partie du beau corps des officiers de la marine.

« Souvenez-vous qu'il n'a jamais manqué ni à la
« probité ni à l'honneur ; qu'il a constamment joui
« d'une bonne réputation et d'une haute considération.

« Vous aurez de plus que lui pour vous bien con-
« duire une belle et bonne éducation ; profitez-en pour
« votre avancement dans l'état que vous prendrez.

« Rappelez-vous sans cesse, pour régler vos dé-
« penses, que vous n'avez nulle fortune à attendre ni
« de votre père ni de votre mère, et je pourrais vous
« assurer qu'après eux vous n'aurez jamais plus de
« cinq cents livres de revenu, si même vous les avez.
« Votre père, pour vous les conserver, travaillera

« aussi longtemps qu'il le pourra faire. Si je ne
« craignais de vous ennuyer. . . .

« Je vous invite cependant à conserver cet écrit,
« à le relire quelquefois, et à vous bien pénétrer que
« ce sont les conseils d'un véritable ami et de votre
« bon père.

Signé : « *Le contre-amiral* SAVARY. »

NOTICE

SUR LA VIE ET LES CAMPAGNES

DU

CONTRE-AMIRAL

DANIEL SAVARY

CHEVALIER DE SAINT-LOUIS ET COMMANDANT DE LA LÉGION-D'HONNEUR.

————

(Extrait de l'Ouvrage de M. Hennequin, indiqué plus haut.)

————

. . . .

La France étant alors en guerre avec l'Angleterre, le jeune Savary, qui avait pris goût au métier de la mer, demanda et obtint de servir sur les bâtiments du roi, et en effet, de 1761 à 1764, il navigua successivement comme pilotin et volontaire, d'abord sur le vaisseau *le Saint-Michel*, et ensuite sur la gabarre *la Nourrice*, destinée pour Saint-Pierre et Miquelon.

La paix ayant eu lieu, le jeune Savary songea à utiliser pour le commerce les connaissances qu'il avait acquises, et, ayant offert ses services à la Compagnie des Indes, il s'embarqua sur ses bâtiments, de 1765 à 1780, comme lieutenant et second capitaine. Pendant ce laps de temps, il fit plusieurs campagnes en Amérique, trois dans l'Inde et trois en Chine.

C'était, on le sait, une bonne école que le service de la Compagnie des Indes; aussi, lorsqu'à son retour de sa dernière campagne, Savary, trouvant la France en guerre, demanda à entrer au service du roi, ne fit-on pas de difficultés pour l'y admettre comme enseigne. Il s'embarqua en cette qualité, en 1780, sur *l'Ajax*. Ce vaisseau faisait partie de l'escadre aux ordres du bailli de Suffren, destinée à agir contre les Anglais dans l'Inde. Savary fit toute la campagne de cette escadre, de 1780 à 1783, et il participa aux combats qu'elle livra à celle de l'amiral Hugues : 1° devant Sadras (février 1782), où il fut légèrement blessé; 2° à celui de Provédien (avril 1782); 3° de Négapatam (juillet 1782); 4° au siége et à la prise de Trinquemale (septembre 1782). A ce siége, Savary fut chargé, à la tête d'un piquet de trente hommes de la compagnie des troupes de la marine, du commandement et de la direction d'une batterie dirigée contre le fort d'Ostembourg, dans la baie de Trinquemale. Ce fort capitula, et Savary reçut du bailli de Suffren des éloges mérités sur sa conduite en cette circonstance. Le combat de Goudelour, qui eut lieu le 20 juin 1783, fut le dernier de ceux livrés à l'escadre anglaise; Savary était alors embarqué sur *le Saint-Michel*. La paix, qui avait été signée au mois de mars 1783, ramena une partie de l'escadre en France, et il opéra son retour à Rochefort, sur la frégate *l'Hermione,* au mois de février 1784.

Il eut pu y jouir d'un repos acheté par trois années de fatigues et de dangers, mais l'activité dont il était dévoré ne le lui permit point. Il sollicita la permission de naviguer pour le commerce, et, lorsqu'il l'eut obtenue, ce fut à qui des armateurs de la Rochelle lui offrirait un commandement. Au mois d'octobre 1784, il prit celui du navire *les Trois-Maries*, avec lequel il fit une campagne dans l'Inde de près de deux ans.

Pendant son absence, on ne l'avait point oublié, et, sur les comptes avantageux rendus de son zèle et de sa bravoure par le bailli de Suffren, il avait été fait lieutenant de vaisseau à la promotion du 1er mai 1786. Voulant justifier cette faveur, Savary sacrifia les avantages qu'il pouvait espérer pour sa fortune en continuant la navigation du commerce, et, à sa demande, il fut embarqué sur la frégate *l'Etoile*, avec laquelle il fit une campagne de dix-huit mois dans les mers de l'Inde. Pendant cette campagne il fut fait chevalier de Saint-Louis, distinction flatteuse, en ce temps, pour un officier qui ne la devait qu'à son seul mérite et non à sa naissance.

Savary était lieutenant en pied, sur *la Néréide*, en 1791. Cette frégate, partie de Rochefort au mois de décembre, pour porter des troupes à Saint-Domingue, éprouva, sous les Açores, un de ces coups de vent qui sont si fréquents dans ces parages pendant cette saison. Après être restée pendant vingt-un jours à la cape, la frégate reçut un coup de mer si violent, qu'il enfonça cinq des sabords de l'arrière, emporta la moitié des grands porte-haubans, ceux d'artimon, tout le plat-bord de babord, et emplit d'eau le faux-pont et la batterie jusqu'aux hiloires. Quinze marins et soldats furent noyés, et ce ne fut qu'en coupant le mât d'artimon qu'on parvint à relever la frégate, que ce coup de mer avait mise sur le côté. Au retour de *la Néréide* à Rochefort, et sur le compte que rendit le capitaine de vaisseau Trinqualéon du zèle et de l'activité qu'avait déployés Savary dans cette circonstance, on lui donna immédiatement le commandement de la frégate *la Capricieuse*, avec la mission de retourner à Saint-Domingue. A cette époque (1792), cette colonie était en pleine insurrection. Pendant le temps qu'il commanda la station de Saint-Louis, il s'occupa constamment du soin de maintenir l'union et la bonne harmonie entre les hommes de couleur et les blancs, œuvre de conciliation qu'il devait bientôt avoir à opérer dans sa patrie entre ses concitoyens (1).

Au mois de janvier 1793, Savary fut nommé capitaine de vaisseau, et il reçut l'ordre de se rendre, avec *la Capricieuse*, dans la rivière de Nantes, pour

----

(1) Note supplémentaire extraite du journal du bord. « Premier octobre 1792, aujourd'hui j'ai reçu l'ordre de partir pour France et d'y conduire M. de Blanchelande ex-gouverneur général à Saint-Domingue et sa famille. . . . .
. . . . Huit novembre, arrivé devant Lorient, je me suis mis en rapport avec le commandant de la marine, et lui ai fait parvenir mes paquets. Il m'a mandé que Mme de Blanchelande pouvait descendre à Lorient, mais que M. de Blanchelande, vu l'exaspération des esprits, y serait exposé à de graves dangers. Bien déterminé à l'en défendre et à ne le déposer qu'en lieu de sûreté, j'ai fait voile pour Rochefort. . . . .
. . . . Treize novembre, en rivière de Rochefort. Une partie des officiers du district et de la municipalité sont venus à bord et ont déclaré placer M. de Blanchelande sous la sauvegarde de la loi, ce dont il a été bien content et moi aussi. Il a débarqué à minuit, au Verjou. »

y prendre sous son escorte un convoi destiné pour les Antilles. En ce moment l'insurrection des départements de l'Ouest avait atteint son plus grand développement; les rebelles occupaient tout le pays, excepté Nantes et Paimbeuf, ainsi que quelques autres points moins importants de la côte; mais ces villes, abandonnées à elles-mêmes et privées de communications avec les forces qui auraient pu les secourir, étaient sur le point de succomber. En effet, une vive attaque eut bientôt lieu sur Paimbeuf. Le capitaine Savary alors arme son équipage, se met à sa tête et repousse les rebelles. Sur le compte qui fut rendu de cette action aux administrateurs du département, ils prirent, le 22 mars 1793, un arrêté par lequel, exposant au ministre de la marine l'état des choses, ils demandaient la conservation en rivière de la frégate *la Capricieuse*.

« Considérant, disaient-ils, qu'il n'existe plus dans tout le département de la Loire-Inférieure que les villes de Nantes, Paimbeuf et Ancenis qui ne soient pas au pouvoir des rebelles; que ces villes ne peuvent tenir longtemps si elles sont attaquées par mer et si on leur coupe les vivres de ce côté;

» Considérant que *la Capricieuse* est la seule qui défende l'entrée de la rivière et qui puisse empêcher les rebelles de venir fondre, avec des forces majeures, sur ces villes, et intercepter les communications par mer comme elles le sont déjà par terre;

» Considérant que, quelque soit l'importance de la mission secrète donnée à *la Capricieuse*, elle ne peut balancer l'intérêt de la conservation de ces trois villes, qui seules ont empêché jusqu'à ce jour que la contre-révolution ne s'effectuât, et dont la prise par les rebelles entraînerait inévitablement la défection de tout le pays qui s'étend depuis la Rochelle jusqu'à Brest, et bien avant dans l'intérieur de la République;

» Demande, etc., etc. »

Le ministre de la marine, Monge, autorisé par la Convention, acquiesça aux désirs des administrateurs du département de la Loire-Inférieure, et, dans une dépêche au capitaine Savary, il lui adressait des félicitations sur les services qu'il avait rendus lors de l'attaque de Paimbeuf par les insurgés.

Savary n'eut plus à s'occuper dès lors que d'opérations militaires; ne laissant à bord de sa frégate que les officiers et les marins nécessaires à sa sûreté, il s'établit à terre avec le reste de son état-major et de son équipage. Il opéra des descentes, enleva des batteries anx insurgés, les repoussa dans leurs attaques, les chassa des postes dont ils parvenaient à s'emparer; en un mot, il leur fit une guerre si vive et si soutenue qu'il parvint à mettre toute cette partie du territoire à l'abri de leurs incursions. Des services de cette importance furent appréciés, et la Convention nationale, sur le compte qui lui en fut rendu, décréta *que le citoyen Savary avait bien mérité de la patrie* (1).

---

(1) Notes supplémentaires. « 23 mars 1793. Nous étions d'abord de votre avis, citoyen, mais après avoir pris lecture de la lettre du citoyen Joyeuse, nous avons approuvé l'ordre qu'il vous avait donné. Nous regrettons de vous voir quitter

« Lorsque enfin le département de la Loire-Inférieure
eut été pacifié, *la Capricieuse* fut relevée de sa station, et alla désarmer à Rochefort. Aussitôt que les
administrateurs du district de Paimbeuf apprirent le
rappel de Savary, ils lui adressèrent la lettre suivante :

---

la rade de Paimbœuf; votre vigilance et votre courage ont protégé
nos côtes, nous vous en remercions.

« Le Représentant du peuple, délégué par la Convention,

Signé : « VILLERS. »

2

« Nantes, 23 mars 1793.

« Le Comité central des corps administratifs du département
de la Loire-Inférieure au citoyen Savary :

« Nous avons reçu les dépêches que vous nous avez envoyées;
nous vous remercions de votre zèle, et vous prions d'agréer l'expression de notre reconnaissance.

« Il y a eu dans notre conduite à votre égard une espèce de
légèreté que vous excuserez sans doute, en considération de nos
embarras et du peu de connaissance que nous avons de l'état des
choses. Le capitaine Martin, commandant *L'Hermione*, nous
avait instruit de son arrivée à Meudin, nous crûmes. . . . . . . et
nous lui adressâmes nos paquets. Il nous a lui-même averti d'une
erreur involontaire. Nous vous prions de l'excuser; car il n'a
jamais entré et il ne peut entrer dans nos vues de manquer à un
brave officier à qui ce département a d'ailleurs les plus grandes
obligations, et c'est avec la vérité du sentiment que nous décla-
rons qu'il était impossible de mettre pour le service public, plus
de zèle et d'activité que vous en avez mis; nous espérons que
vous voudrez bien les continuer. »

Signé : « MUSSET. LETOURNEUX. BOUGON. BEAUFRANCHET. »

2

« Citoyen, nous apprenons avec joie que le ministre
« de la marine va employer, plus utilement sans
« doute, vos talents et vos vertus civiques. Nous
« n'oublierons jamais les services signalés que vous
« avez rendus, non pas seulement à notre district,

5

Extrait du registre des délibérations du Conseil général de la commune de Saint-Nazaire.

« Du 7 avril 1793, séance publique présidée par Pierre
du Frixou, maire.

« Le maire a représenté qu'en repoussant les rebelles et re-
mettant Saint-Nazaire sous les lois de la République, le citoyen
Savary, commandant la frégate *la Capricieuse,* ainsi que son
équipage, ont ménagé autant que le bien de l'Etat le permettait,
les propriétés des habitans qui n'ont souffert qu'un dommage in-
indispensable par les circonstances ; qu'il pensait aller au-devant
du désir des citoyens, en proposant de députer vers le capitaine
Savary et son équipage, pour leur témoigner la reconnaissance du Conseil général de la commune, de la conduite ferme,
prudente et humaine, tant du citoyen Savary que des citoyens
chargés de l'exécution de ses ordres.

« Sur quoi le Conseil délibérant a arrêté qu'un officier municipal, un notable et le procureur de la commune, auxquels seront invités à se joindre les citoyens Loiseau, membre du Conseil
du district de Guérande, et Dubochet, commandant de la garde
nationale, se rendraient à bord de la frégate *la Capricieuse* pour
remercier le capitaine Savary et son équipage de la conduite
qu'ils ont tenue lorsqu'ils ont expulsé les rebelles de Saint-Nazaire,
et qu'une expédition du présent serait remise au citoyen Savary
par la députation.

« Pour expédition conforme au registre, à Saint-Nazaire.

Signé : « GLACET, secrétaire-greffier. »

« mais à la chose publique, pendant la durée de votre
« station à l'entrée de la rivière. Ils sont consignés
« sur nos registres, et ils ne s'effaceront point de
« notre mémoire. Parcourez votre carrière, citoyen,
« elle sera glorieuse, nous le pensons, et, au milieu

4

LETTRE DE L'ORDONNATEUR DE LA MARINE A NANTES.

« Nantes, 10 avril 1793.

« Le ministre a été informé, citoyen, de votre conduite, lors
de la prise de Saint-Nazaire; il l'a beaucoup approuvée et m'a
chargé de vous transmettre les témoignages de sa satisfaction particulière.

« Je me félicite, citoyen, d'être l'interprète des sentiments du
ministre dans une circonstance où votre courage et votre patriotisme ont acquis tant de droits à la reconnaissance de la Nation.

« Signé : « EVIN. »

5

Un seul des ordres de service émané du commandant Savary,
fera connaître de quelles instructions il les accompagnait.

« Nous, capitaine de vaisseau, commandant etc...........
ordonnons au citoyen Gresset, officier des troupes de la marine,
de prendre le commandement d'un détachement de la frégate,
d'aller au Montoir, relever le détachement de *la Thétis* du 109ᵉ
régiment; d'y faire faire le service avec le concours des habitans
dudit lieu, sur les réquisitions des maires et officiers municipaux,
en agissant toujours, à moins d'empêchements qui pourraient
naître des circonstances, avec prudence et humanité. Du 29
mai 1793. »

Peu de temps après, ce même officier l'informe de l'arresta-
tion d'une jeune demoiselle, laquelle a été immédiatement conduite à Nantes. Le commandant Savary lui répond qu'il est fâché

« de vos succès, rappelez-vous quelquefois vos frères
« et amis.

« Les administrateurs du district de Paimbeuf. »

(Suivaient vingt signatures.)

« A son arrivée à Rochefort (septembre 1793), Savary
fut nommé au commandement du vaisseau *le Peletier*,
et pendant les cinq mois qu'il le commanda, ainsi
que la division navale réunie alors sur la rade de l'île
d'Aix, il eut constamment à lutter contre l'esprit de
révolte et d'insurrection fomenté parmi les équipages.
Toutefois, par sa conduite ferme et courageuse, il sut
maintenir dans toute sa rigueur la discipline à bord de
ses vaisseaux. Dénoncé à la société populaire de
Rochefort, comme *ennemi de l'égalité,* il fut sommé
de comparaître devant elle. Là, prenant la parole, il
donne lecture du réglement de police qu'il fait exécu-
ter à bord de son vaisseau, et par lequel il ordonne
qu'on rende aux officiers les honneurs qui sont dus à
leur grade, seul moyen, dit-il, de maintenir la discipline et la subordination. Le président interpelle alors
tous les citoyens qui connaissent Savary d'émettre
leur opinion sur son compte. Plusieurs membres de
la société et même des tribunes ayant déposé en sa
faveur, la société arrêta, à l'unanimité, qu'il serait

---

d'apprendre qu'on le mette dans le cas de sévir contre des fem-
mes, dont le caractère et la faiblesse d'ailleurs doivent rassurer;
que simplement elles s'exaltent à l'idée d'être empêchées d'ac-
complir leurs devoirs religieux.

« Ménagez-les, dit-il, tant que vous le pourrez. »

noté ainsi : « Savary, talents distingués, et bon patriote. » Toutefois, le ministre de la marine, dans l'intérêt de Savary, crut devoir le faire changer de port, et quelque temps après il reçut l'ordre de se rendre à Toulon.

« En y arrivant, on lui donna le commandement du vaisseau *la Victoire* (ci-devant *le Languedoc*). A cette époque Toulon était en pleine insurrection ; le représentant du peuple Niou venait d'être assassiné, et son collègue s'était suicidé. Le même esprit régnait à bord des vaisseaux, et ce n'était qu'avec les plus grandes difficultés qu'on y maintenait un reste de subordination. Un jour, étant à terre, Savary se voit suivi par une assez grande quantité d'hommes de son équipage qui le menacent en vociférant. Sans se déconcerter, il leur ordonne de se rendre à bord sur-le-champ. Le plus grand nombre obéit. Savary, de son côté, s'embarque dans son canot. Arrivé sur son vaisseau, il fait assembler l'équipage, et montant alors, l'épée à la main, sur son banc de quart, il reproche aux mutins la lâcheté dont ils s'étaient rendus coupables envers lui, et joignant ensuite à l'âpreté de ses paroles quelques remontrances paternelles, il parvint à calmer la rébellion, qui depuis n'osa plus se montrer.

« *La Victoire* faisait, en 1795, partie de l'armée navale réunie à Toulon sous les ordres du vice-amiral Martin. Cette armée, forte de quinze vaisseaux, sortit de ce port le 3 mars, et le 13 elle eut connaissance de l'armée anglaise, composée de quatorze vaisseaux, dont quatre à trois ponts. Dans l'engagement qui eut lieu, *la Victoire*, après diverses manœuvres, se trouvant à une très-petite distance par le travers du premier vaisseau de tète de la ligne anglaise, qui en ce moment combattait *le Ça-ira* par tribord, lui lâcha plusieurs bordées dont l'effet fut si heureux, qu'on vit à l'instant tomber son grand mât, son mât d'artimon et son petit mât de hune. Savary parcourut ainsi toute la ligne ennemie, à bord opposé, combattant successivement tous les vaisseaux jusqu'au dernier. Alors trois vaisseaux, dont un à trois ponts, virèrent de bord et ouvrirent leur feu sur *la Victoire*. Savary fit amener et carguer ses perroquets et mettre le perroquet de fougue sur le ton. Pendant une heure et demie il prêta côté à ces vaisseaux; mais voyant alors qu'il n'y avait plus que son vaisseau et *le Timoléon* d'engagés, que *le Censeur* et le *le Ça-ira* étaient tombés au pouvoir des Anglais, Savary essaya de tenir le vent et de s'écarter des vaisseaux qui le combattaient, qui eux-mêmes, très-maltraités, virèrent de bord pour rejoindre leur armée. Dans cet engagement, *la Victoire* avait combattu pendant cinq heures et demie et tiré plus de deux mille coups de canon. Ce vaisseau, entièrement démâté et criblé de boulets, eut grand'peine à gagner le port de Toulon (1).

---

(1) Note supplémentaire. Ce fait est rappelé à propos de la première expédition d'Irlande en 1798, au tome 10 des *Victoires, Conquêtes et Revers des Français, de 1792 à 1815*, ouvrage publié par une société de militaires et de gens de lettres, dans l'année 1848. On y lit : « Le commandement de la division de Rochefort fut confié au chef de division Savary, officier qui n'avait cessé de donner les plus grandes preuves d'habileté et de bravoure dans le cours de la guerre de 1778, et depuis le commencement de celle de la Révolution, notamment au combat du

« En 1798, le Directoire, ayant résolu de seconder le mouvement insurrectionnel qui s'était de nouveau déclaré en Irlande, ordonna l'armement simultané, à Brest et à Rochefort, de deux divisions navales destinées à y porter des troupes. Savary, qui avait été nommé chef de division au mois de mars 1796, fut chargé du commandement de celle de Rochefort. Elle se composait des frégates *la Concorde*, *la Franchise*, et *la Médée*, auxquelles on avait adjoint la corvette *la Vénus*. Savary avait arboré son guidon de commandement sur la première de ces frégates. Le général Humbert et les adjudants-généraux Fontaine et Sarrazin, avec onze cent cinquante officiers et soldats presque tous d'infanterie, s'embarquèrent à bord de ces bâtiments. On embarqua aussi trois pièces de campagne, de la poudre, des munitions et des fusils destinés aux Irlandais.

« Cette division appareilla de la rade de l'île d'Aix, le

---

14 mars 1798, où sur son vaisseau *la Victoire* il fit des prodiges de valeur, et combattit seul une partie de l'armée anglaise, etc. »

Au mois de juillet 1795, le commandant Savary, se trouvant encore à Toulon, demande une simple autorisation de s'absenter pour trois mois. En la lui accordant, le Représentant du peuple, délégué près de l'armée navale de la Méditerranée, et chargé de l'inspection générale des ports, croit devoir s'exprimer ainsi : «.... Vu l'avis favorable donné à ce sujet par le général en chef de l'armée navale, et ne croyant pas pouvoir refuser à un aussi bon officier que le citoyen Savary, la justice qu'il sollicite et que ses longs et utiles services lui ont méritée, etc. » Dans une lettre il ajoute : «..... Allez dans votre famille, au milieu de vos amis, recevoir les soins et les témoignages d'attachement que vos services et vos qualités personnelles vous promettent. »

6 août 1798. Dans le but d'éviter la rencontre des croisières anglaises dont la Manche était couverte, Savary dirigea pendant quelques jours sa route à l'ouest-sud-ouest avant d'aller attaquer les côtes d'Irlande. Après quinze jours d'une navigation heureuse, la division eut connaissance de la terre le 21. Les vents d'est ne permirent pas de l'acoster le même jour ; mais le lendemain, après avoir lutté pendant douze heures contre les vents et les courants, elle mouilla, à trois heures après midi, dans la baie de Kilala. Le débarquement des troupes et des munitions eut lieu immédiatement ; à dix heures il était terminé, et le lendemain, au point du jour, les frégates et la corvette appareillèrent pour France, et, après une traversée aussi heureuse que la première, elles mouillèrent à l'embouchure de la Gironde le 7 septembre suivant.

« En apprenant le succès de la mission confiée à Savary, le ministre de la marine (Bruix) lui adressa la dépêche suivante :

« J'ai appris avec le plus grand plaisir, citoyen, l'ar-
« rivée en rivière de Bordeaux de la division sous vos
« ordres ; le Directoire exécutif, à qui j'ai annoncé
« sur-le-champ cette heureuse nouvelle, a entendu
« avec beaucoup d'intérêt les détails de votre naviga-
« tion et de votre attérage en Irlande, et il m'a chargé
« de vous témoigner combien il est satisfait de votre
« conduite. Le Directoire croit ne pouvoir mieux vous
« récompenser qu'en vous offrant une nouvelle occa-
« sion de vous distinguer. Il faut que vous vous
« rendiez une seconde fois en Irlande, et que vous
« portiez au général Humbert un renfort dont il a un

« pressant besoin. Des ordres sont donnés en consé-
« quence. Je n'ajouterai rien aux instructions que je
« vous ai expédiées lors de votre première sortie ;
« vous avez trop bien rempli votre mission pour que
« je ne m'en repose pas entièrement sur vos talents et
« votre prudence. Je ne doute pas, citoyen, que vous
« ne remplissiez cette mission avec tout le zèle et le
« dévouement dont vous avez donné des preuves dans
« la première, et j'espère que celle-ci obtiendra le
« même succès (1). »

---

(1) Note supplémentaire. Le 7 vendémiaire an VII (29 septembre 1801), le ministre de la marine adresse au chef de division
Savary, une nouvelle lettre relative à la seconde expéditon d'Irlande, puis après l'avoir simplement signée, il y ajoute les instructions suivantes, écrites en entier de sa main : « Le Directoire
n'a pas voulu destiner de général ni d'état-major pour les troupes
que vous débarquerez, pour éviter toute espèce de lenteur. Il est
de la dernière importance que vous ne perdiez pas un instant pour
partir, dussiez-vous laisser à terre une partie des effets que
vous devez prendre.

« Si donc vous avez les troupes à bord, partez au premier
souffle de vent favorable et n'attendez pour quoi que ce soit.

« Croyez, Citoyen, que je sais apprécier la conduite distinguée
que vous avez tenue dans la mission que vous venez de remplir ;
je savais que personne mieux que vous n'était capable de surmon-
ter les difficultés d'une telle entreprise et c'est pour cela même
que j'avais proposé au Directoire de vous la confier. Les mêmes
motifs m'y ont encore déterminé cette fois-ci, et je pense que
tous ceux qui s'intéressent à la restauration de notre marine, doivent voir avec plaisir que le Gouvernement n'emploie que des
officiers instruits et expérimentés. Vous êtes du nombre, Citoyen,
et je suis assuré que vous me saurez gré de vous avoir mis à

« En effet, Savary, après avoir embarqué sur sa division les troupes destinées pour l'Irlande, appareilla de nouveau de l'île d'Aix le 10 octobre 1798. Cette seconde traversée se fit aussi heureusement que la première, et la division mouilla dans la baie de Sligo le 26 du même mois. Les instructions données à Savary lui enjoignaient de s'assurer, avant de débarquer ses troupes, du sort de l'expédition sortie de Brest le 16 septembre précédent, sous les ordres du chef de division Bompard, et de celui de l'armée commandée par le général Humbert. Dans ce but, Savary s'empara de quelques embarcations qu'il trouva sur la côte. A bord de l'une d'elles se trouva un officier Anglais qui lui apprit la défaite des troupes aux ordres du général Humbert, ainsi que le combat désastreux soutenu par la division Bompard contre l'escadre du commodore Warren, et à la suite duquel *le Hoche,* que montait Bompar avait été pris. Ces avis le déterminèrent à repartir immédiatement, sans tenter un débarquement qui eut réussi avec autant de facilité que le premier; et le soir même du jour de son arrivée il remit à la voile.

« Le lendemain, à six heures du matin, Savary eut connaissance d'une partie de l'escadre de sir John Warren, composée de deux vaisseaux et une frégate. Aussitôt il prit chasse au plus près du vent. et les Anglais le poursuivirent. Comme la division française

---

même de prouver que vous réunissez à ces qualités, le dévouement et l'ardeur que la Patrie a le droit d'attendre de ceux qui la servent.

Signé : « BRUIX. »

se trouvait encore dans le golfe de Sligo, qu'il fallait traverser pour en sortir, et que l'ennemi avait sur elle l'avantage du vent, sa position était très-critique, et il semblait ne lui rester que l'alternative d'être pris ou de se jeter à la côte. Savary, résolut d'attendre la nuit pour prendre un parti décisif, manœuvra de manière à faire durer la chasse toute la journée. Celui auquel il s'arrêta fut de payer d'audace, de revirer sur la division anglaise au moment où elle s'y attendrait le moins, et de lui gagner le vent par cette manœuvre aussi hardie qu'imprévue. Aussitôt que la nuit fut faite, avant que la lune se levât, la division française, formée en ligne très-serrée, vira de bord tout à la fois. Les bâtiments ennemis qui couraient sous toutes voiles ne s'en aperçurent point. Savary, qui était en tête, se trouva bientôt à portée de pistolet du premier vaisseau anglais, et dès que ses canonniers purent le découvrir, il lui envoya toute sa volée. Ce vaisseau ne s'y attendait pas sans doute, car au tumulte qui se fit entendre à son bord, on put juger que personne n'était à son poste dans les batteries. Tous les bâtiments de la division eurent le temps de défiler à contre-bord et de lui envoyer chacun deux bordées avant qu'il put riposter. Il ne tira que quelques coups sur la frégate de serre-file ; mais ceux qu'il reçut lui firent beaucoup plus de mal, car l'on vit bientôt tomber son petit mât de hune et sa vergue d'artimon. Il ventait bon frais, et la mer était très-grosse. Avant que les deux autres vaisseaux, qui avaient été obligés de se débarrasser d'une partie de leurs voiles pour se remettre au plus près, fussent parvenus à s'y établir, la division française leur gagna le vent et continua de courir à son bord avec toutes les voiles que le temps leur permettait de porter ; elle perdit bientôt l'ennemi de vue.

« Le commandant Savary croyait en être débarrassé ; mais dans la nuit il fut joint par les deux derniers vaisseaux. La corvette *la Vénus*, que l'infériorité de sa marche l'avait forcé de prendre à la remorque, gênant sa manœuvre, il lui héla de la larguer et de prendre une route différente, ce qu'elle fit. Les frégates alors forcèrent de voiles ; leur supériorité sur les vaisseaux rendit vains leurs efforts pour les joindre, et ils furent enfin contraints de les abandonner. Vingt-deux jours après son départ de Rochefort, Savary y rentrait avec sa division, ayant mis en défaut pour la quatrième fois la vigilance des croiseurs anglais qui bloquaient ce port (1).

« Après avoir commandé pendant quelques mois le vaisseau *le Foudroyant* et la division réunie en rade de l'île d'Aix, Savary fut nommé au commandement du *Héros* et de l'une des divisions de l'escadre aux ordres

---

(1) Notes supplémentaires. « Le 30 vendemiaire an VII (21 octobre 1798), à l'issue de la dernière campagne d'Irlande, le ministre de l'intérieur adressa au citoyen Savary, commandant la division de débarquement dans la baie de *Kilala*, une lettre de félicitation où on lit ce qui suit : « Les actions de courage, de dévouement et d'humanité qu'elle inspire (La République), doivent être proclamés par le Gouvernement, afin que le nom de celui qui a eu le bonheur de servir ou sauver ses concitoyens soit connu de la Société tout entière.

« Cette récompense aussi douce qu'honorable, vous l'avez obtenue, Citoyen ; le Président du Directoire exécutif a déclaré solennellement le jour anniversaire de la fondation de la République, que vous avez bien mérité de la Patrie, et c'est avec une

du contre-amiral La Touche-Tréville qui, en 1801, porta des troupes à Saint-Domingue (1). A son arrivée dans cette colonie il fut chargé, conjointement avec le vaisseau *l'Aigle*, de l'attaque des forts de la baie de Saint-Marc, afin de faire diversion aux opérations de

---

véritable satisfaction que je vous adresse les annales glorieuses où votre mémorable action a été justement consignée.

Signé : « François De Neufchateau. »

2

« Paris, 11 ventôse an VII (25 février 1799.)

« Le Directeur Barras, Citoyen, m'a fait le renvoi de la pétition que vous lui avez adressée, le 13 du mois dernier, à l'effet d'être employé à terre.

« Comme il est reconnu que vous pouvez être beaucoup plus utile sur les vaisseaux de la République, je ne doute pas que vous ne préfériez le poste qui convient le mieux à vos connaissances.

« Un officier de votre grade ne saurait occuper à terre qu'une place d'adjudant-général qui ne vous mettrait pas à même de rendre à la Patrie les services qu'elle a le droit d'attendre de votre expérience et de vos talents.

Signé : « Bruix. »

(1) Note supplémentaire. « Cette escadre composée de quinze vaisseaux et frégates ayant à bord 3,500 hommes de troupes de débarquement, sous les ordres du général Boudet, avait été précédemment commandée par le contre-amiral Decrès, puis, provisoirement, par le chef de division Savary, en vertu d'un ordre du Ministre, du 16 vendémiaire an X (8 octobre 1801). Voici en quels termes le contre-amiral Decrès l'avait informé de son ordre de départ :

« En l'exécutant, il m'est agréable d'avoir à remettre le commandement de l'escadre, pendant mon absence, à un officier

l'armée de terre. Ces forts étaient au nombre de cinq. *Le Héros* et *l'Aigle* firent porter sur le premier et successivement sur les autres, qu'ils canonnèrent sans relâche ; ceux-ci ripostèrent vigoureusement, et même à boulets heureusement mal rougis ; mais Savary s'apercevant bientôt qu'en raison de la nature de leur construction en sable et en gazon ses efforts contre eux seraient inutiles, il fit éventer ses voiles, signala à *l'Aigle* d'imiter sa manœuvre, et les deux vaisseaux canonnés et canonnant, sortirent de la baie, après avoir combattu pendant deux heures, et tiré près de quatre cents coups de canon (1).

---

dont le zèle, l'expérience et les talens commandent la confiance la plus absolue. J'aurai la satisfaction de pouvoir l'exprimer tout entière au premier consul de qui vous êtes d'ailleurs bien connu par vos services.

Signé : « Decrès. »

(1) Note supplémentaire extraite du journal de bord. « J'ai eu ma chaloupe et mon canot percés de part en part, plusieurs boulets dans le vaisseau, les manœuvres coupées, quatre blessés dont un officier.

Le commandant du vaisseau *le Héros* avait reçu une autre mission importante ainsi que l'atteste l'ordre ci-après :

« Le contre-amiral La Touche-Tréville, commandant une des escadres de la République.

« Le capitaine de vaisseau Savary, commandant *le Héros*, et la division des bâtiments de la République destinée à seconder les opérations du général en chef Leclerc et du général de division Boudet sur St-Marc et les Gouaves, appareillera avec la frégate *la Franchise*, aussitôt que le général Boudet, les officiers et les troupes qui les accompagnent seront rendus à son bord (suivent les instructions relatives au débarquement). Il réunira sous son

« Quelques mois après, Savary reçut l'ordre de prendre à bord de son vaisseau, *le Héros*, Toussaint-Louverture et sa famille pour les conduire en France. Le vingt-sixième jour après son départ du Cap, Savary était à la Malmaison, où il rendait compte au premier consul du résultat de sa mission.

« Au mois de juillet 1802, Savary fut élevé au grade de contre-amiral (1); et lors de la réunion à Boulogne de la flottille destinée à opérer une invasion en Angleterre, il fut nommé au commandement de l'une de ses divisions, et il se fit particulièrement remarquer lors de l'attaque dirigée par l'armée anglaise contre la ligne d'embossage, au mois d'octobre 1804.

« Mais ce poste ne convenait ni à l'âge, ni à l'état de santé de Savary. Constamment embarqué sur des canonnières ou sur des péniches, il y contracta en peu de temps le germe de la maladie qui devait le conduire au tombeau. Rentré dans le sein de sa famille, après la dissolution du camp de Boulogne, les soins qui lui furent prodigués lui procurèrent une amélioration sensible, et il en profita pour demander à être employé activement. Mais cette fois, ses forces trahirent son courage, et il succomba le 22 novembre 1808, à l'âge de soixante-cinq ans.

. . . .

J.-F-.G. HENNEQUIN.

---

pavillon les vaisseaux *L'Aigle* et *L'Union; la Guerrière* sera également sous ses ordres.

« A bord du *Foudroyant*, 20 ventôse an X (11 mars 1802). »

(1) Note supplémentaire. « Le décret qui lui confère le titre de commandant de la Légion d'honneur est du 26 prairial an XII (15 juin 1804.)

Il est question aux pages 2 et 12 d'une campagne de l'Inde sur le vaisseau *l'Ajax* par le contre-amiral Savary, alors qu'il servait en qualité d'enseigne dans l'escadre commandée par l'amiral de Suffren. La lettre, dont suivent divers extraits, contient le récit détaillé des événements de cette campagne.

« Trinquemale (île de Ceylan), septembre 1782.

« Nous sommes partis, le 7 décembre dernier, de l'île de France où avait eu lieu la réunion de l'escadre composée de onze vaisseaux et quelques frégates. Nous avons, en faisant route pour l'Inde, débuté par prendre un vaisseau anglais, qui a été armé aussitôt notre arrivée à la côte de Coromandel. Nous avons pris environ cent navires chargés de vivres, de munitions de guerre, peu de marchandises.

« Nous nous présentions le 15 février devant Madras, place extrêmement forte; l'escadre anglaise s'y trouvait embossée, ce qui nous fit prendre un peu le large.

« Dans la nuit du 15 au 16, notre convoi, au nombre de treize voiles, se sépara maladroitement de nous. L'escadre anglaise qui avait appareillé, se trouva, au point du jour, à une grande distance de nous, mais entre nous et notre convoi, elle nous prit un grand vaisseau de transport et notre hôpital.

« Le 17 au matin, nous nous trouvâmes en présence de l'ennemi, à trois lieues au vent à lui. Notre escadre se composait de douze vaisseaux, les Anglais n'en avaient que neuf et deux frégates, ce qui nous promettait une victoire complète; d'autant mieux que nous étions armés jusqu'aux dents, ayant des troupes passagères à nos bords.

« Malgré les signaux du général, nos manœuvres furent fort lentes et l'on ne commença le combat qu'à quatre heures de l'après-midi. Il fut très-vif de part et d'autre, les Anglais combattaient en faisant route. Par une circonstance inexplicable, plusieurs de nos vaisseaux ne prirent point part à l'action ; ce qui ne nous empêcha pas d'écraser trois des vaisseaux de l'ennemi, l'un d'eux surtout qui amena son pavillon. Mais comme il était sept heures du soir et que M. de Suffren fit cesser le combat, on ne s'en aperçut pas et il se sauva.

« Il n'en est pas moins vrai que si nous avions fait ce que nous pouvions faire, nous prenions la plus grande partie des vaisseaux ennemis, écrasions les autres et devenions, sans beaucoup de peine, les maîtres de l'Inde.

« Nous allâmes à Porto-Novo pour y débarquer nos troupes et faire de l'eau. Nous en partîmes le 24 pour chercher les Anglais ou prendre Trinquemale. Le 9 avril, nous eûmes connaissance de l'escadre anglaise, au vent à nous. Nous lui appuyâmes la chasse pendant quatre jours, et le 15 seulement, put avoir lieu le combat, qui fut des plus violents. M. de Suffren a très-bien manœuvré et s'est encore mieux battu. Les Anglais avaient onze vaisseaux et nous douze. Le combat a duré cinq heures ; nous leur avons démâté un vaisseau et s'il y avait eu encore une heure de jour, nous obligions une grande partie des autres à faire côte. De l'endroit où nous nous battions, nos boulets passant à travers les mâts, allaient tomber à terre.

« Les deux escadres, la nuit, mouillèrent à une portée de canon l'une de l'autre; mais le lendemain, on s'éloigna un peu. Nous aurions recommencé tout de suite sans un banc qui nous séparait. Nous sommes restés six jours en présence, occupés à nous réparer. Au bout de ce temps, nous avons appareillé les premiers, et après avoir louvoyé, pendant deux jours, par forme de défi, nous sommes allés à Batécalo pour mettre nos malades et nos blessés à terre et faire de l'eau........ Partis de Gondelour, le 3 juillet, nous nous dirigeâmes vers Négapatam où était l'escadre anglaise. Nous en eûmes connaissance, le 5 au matin, et nous nous préparâmes au combat. A deux heures de l'après-midi, comme nous nous approchions de l'ennemi, un tourbillon de vent, sans nuages, tomba à bord d'un de nos vaisseaux et le démâta au point de l'empêcher de se mettre en ligne; nous restions onze pour onze.

« Le soir, les deux escadres réunies mouillèrent en présence l'une de l'autre, et le lendemain, elles appareillèrent en même temps.

« Les Anglais cherchant à se rendre toutes les circonstances favorables, retardaient le combat, car ils craignent le général Suffren plus que la peste.

« Il est vrai qu'il est impossible de trouver un homme qui se batte mieux et de plus grand sang-froid; aussi son vaisseau est toujours criblé, haché, et il perd beaucoup de monde; mais malheur à celui qui *combat son travers* (1), car il est bien servi.

---

(1) Terme de marine, c'est-à-dire qui se trouve en face de sa batterie.

« A dix heures, notre escadre bien en ligne, joignit l'escadre anglaise ; le combat commença et fut extrêmement animé des deux parts. Nous eûmes un vaisseau démâté de son grand mât. Pendant le combat advint une saute de vent qui mit les deux escadres pêle-mêle ; chacun se débrouilla pourtant. Suivant les apparences, notre escadre était plus maltraitée que l'autre ; cependant nous eûmes le champ de bataille à nous, car nous poursuivîmes à grandes bordées de coups de canon, l'escadre anglaise jusqu'au mouillage sous les forts de Négatapam, où nous mîmes en travers pendant plus d'une heure et demie pour l'engager à recommencer. . . . .
. . . . Nous avons appris que dans l'avant-dernier combat, comme dans le dernier, les Anglais avaient perdu considérablement de monde ; mais tout cela ne mène à rien ; nous avons manqué la belle au premier combat. Jamais nous n'obtiendrons une victoire complète, et il n'y a désormais que des coups à donner et à recevoir. . . . . Nous fîmes route encore pour Gandelour où M. de Suffren, dénué de tout approvisionnement, se procura, pour réparer ses vaisseaux, des ressources incroyables. A l'aide d'une frégate de vingt-huit canons, en batterie, qu'il démâta, il remâta le vaisseau ; à la frégate on donna les mâts d'une prise ; celui-ci prit de celui-là ; enfin dans moins de quinze jours tout fut réparé, bas mâts, mâts de hune, d'artimon et manœuvres.

« Lorsque les Anglais surent que nous allions être prêts, ils se rendirent à Madras pour se ravitailler. Pour nous, nous étions partis de l'Ile de France avec cinq mois de vivres et nous n'en avions pas reçu depuis. Les prises que nous avons faites nous en ont heureusement munis ; nous en avons de plus fourni à toute la côte, depuis Pondichéry jusqu'à Ceylan. C'est avec l'argent des prises qu'on soudoie l'armée navale, toutefois, il est dû aux états-majors, un arriéré considérable. . . . . Enfin, fortune de guerre.

« Il serait bien temps néanmoins que cela finît, ou que d'autres vinssent nous remplacer. Il n'y a pas d'exemple d'une campagne aussi rude que celle-ci ; il y a dix mois que nous sommes partis de l'Ile de France, et celui qui a passé le plus de temps à terre, dans les relâches, n'y est pas resté en tout, la valeur de trois jours.

M. de Suffren ayant appris que l'armée anglaise, en quittant Madras, s'était rendue à Trinquemale, après avoir donné à des lieutenans, le commandement de quatre vaisseaux, nous fit partir pour aller chercher l'ennemi et le combattre ; il ne respire que cela. Malheureusement, il n'est pas secondé. Nous n'avons pas, comme les Anglais, ce patriotisme qui consiste à rester bien unis. Chez nous, par l'effet de la jalousie ou d'autres causes, on est toujours divisé et c'est le cas où nous nous trouvons (1).

---

(1) Note supplémentaire. D'après les mémoires du temps, des faits d'insoumission s'étaient produits dans quelques-uns des états-majors de la flotte. Ces mémoires sont confirmés en ce point par le passage suivant d'une lettre écrite au ministre par M. de Suffren : « Il est affreux d'avoir pu quatre fois détruire l'escadre anglaise et de penser que cette escadre existe toujours. » (Discours de M. Jurien de la Gravière, prononcé à Saint-Tropès, le 4 avril 1866.)

Nous passâmes devant Trinquemale, mais l'armée anglaise ne s'y trouvait point. Il est présumable qu'elle n'avait pas quitté Madras. Nous remontâmes alors jusqu'à Batécalo, pour y attendre un renfort de deux vaisseaux avec un convoi assez considérable qui nous était annoncé ; premier secours qu'on nous eût envoyé de l'Ile de France depuis que nous en étions partis ; encore M. de Suffren se plaignait-il, disant qu'il n'avait pas besoin de ce qu'on lui envoyait, et qu'on ne lui envoyait point ce dont il consommait le plus, des hommes, des boulets et des mâts.

« Le 21, les convoi et renfort arrivèrent ; M. de Suffren, sans rien faire charger ni décharger, nous fit partir tous, le 22, pour Trinquemale, afin d'en faire le siége, si l'escadre anglaise n'y était pas.

« Le 25, jour de la Saint-Louis, nous y arrivâmes et dès le soir, *le Saint-Michel* se canonnait avec les forts.

(*Suivent les détails du débarquement, du siége et de la capitulation de la place.*)

La lettre continue ainsi : « Il était grand temps que cela finît, car le 2, nous eûmes connaissance de l'escadre anglaise, au nombre de dix-huit voiles. Les ennemis, probablement ne nous aperçurent pas dans cette journée, à cause des terres élevées qui nous séparaient, car ils vinrent, le soir, en toute confiance, mouiller à deux lieues, sous le vent à nous.

« Ils appareillèrent au point du jour ; mais quand ils virent le pavillon blanc sur les forts, ils filèrent un peu de leur grande écoute.

« De notre côté nous avions appareillé, et l'ordre fut donné de former la ligne de bataille, en chassant les Anglais ; mais la différence de marche entre les vaisseaux, fit qu'on ne pût jamais bien y parvenir. Nous conservâmes néanmoins toujours le vent sur les ennemis, qui firent bonne contenance.

A deux heures, l'affaire s'engagea; le général donna l'ordre d'arriver sur les ennemis; mais huit vaisseaux de l'avant-garde, qui avaient dépassé la ligne anglaise, se trouvèrent dans l'impossibilité de donner. . . . . *Le Héros* (vaisseau amiral) arriva, suivi de *l'Illustre* et de *l'Ajax*, sur lequel j'étais. Plusieurs vaisseaux qui avaient reçu l'ordre de couper l'arrière-garde ennemie, et de mettre l'escadre anglaise entre deux feux, ne se trouvant pas soutenus, furent obligés de se retirer. . . . . . *Le Vengeur* eut le feu à bord; nous restâmes trois vaisseaux à combattre contre douze qui se replièrent les uns sur les autres et nous en donnèrent d'une rude force. *Le Héros* et *l'Illustre* furent démâtés de leur grand mât et de leur mât d'artimon; nous eûmes notre mât de hune coupé, et nos voiles, nos manœuvres, réduites à l'impossibilité de servir. Les vaisseaux étaient criblés et on avait perdu beaucoup de monde. Les Anglais voyant revenir quelques vaisseaux frais, ne voulurent pas tenir plus longtemps, et contents de ce qu'ils avaient fait, nous abandonnèrent à six heures et demie et firent route pour Madras.

« Quant à nous, nous restâmes là toute la nuit, parce qu'il fallut prendre deux vaisseaux de soixante-quatorze à la remorque. . . . . . Cette malheureuse sortie est bien humiliante pour la nation. . . .

Signé : « SAVARY (1). »

« P. S. 29 septembre. Nous partons pour Gondelour,

---

(1) L'enseigne Savary, qui avait été légèrement blessé au pre-

de là nous irons à Madras provoquer l'escadre anglaise à un nouveau combat. »

Ce dernier combat fut livré en effet, le 20 juin 1783. L'enseigne Savary y prit part à bord du vaisseau *le Saint-Michel*. On lit sur son journal de mer : « Notre petit *Saint-Michel* s'est comporté on ne peut pas mieux, ayant toujours ses chefs de file à bâbord et l'ennemi à tribord ; j'assure que si M. de Beaumont-le-Maître qui le commandait, eût commandé un vaisseau de soixante-quatorze ou seulement de soixante-quatre, il se fut mis dans le feu à se battre vergue à vergue. » M. de Beaumont-le-Maître avait reçu l'ordre de prendre le commandement du *Saint-Michel* en même temps que d'une frégate, pour s'acquitter d'une mission particulière, et en quittant *l'Ajax*, il s'était fait suivre de son officier de manœuvres, en dépit de beaucoup de jaloux, écrivait celui-ci plus tard.

Il n'y a que justice à constater, à l'honneur d'un brave marin, que dans une note prise sur le même journal, à la date du 23 juillet suivant, il est dit que M. de Beaumont vient de se rendre à bord de *l'Illustre* pour y recevoir des mains de M. de Bruière, la croix de chevalier de l'Ordre royal militaire de Saint-Louis.

Il n'est pas indifférent de remarquer qu'à la date

---

mier combat, a écrit ailleurs, à propos de celui-ci : « Je n'ai pas été blessé, mais je me suis vu dix fois bien près de l'être. Le hasard le plus heureux pour moi, c'est qu'un morceau de bois qui a brisé les deux jambes de notre maître d'équipage, près duquel j'étais, est venu m'atteindre moi-même à la jambe droite, m'a fait mal dans le moment, mais sans qu'il en soit résulté d'autres suites. »

précitée du dernier combat, 20 juin 1783, la France
et l'Angleterre étaient déjà depuis longtemps en paix.
Le traité dit de Versailles, avait été signé dans les
premiers jours du mois de février précédent; mais il
contenait une clause d'après laquelle il était admis
que l'état de guerre se continuerait pendant cinq mois
encore dans l'Inde; ce délai étant jugé nécessaire
pour que la nouvelle de la paix parvînt aux deux escadres. Il s'en fallut de peu de jours seulement que
cette prévision se trouvât entièrement justifiée.

Outre la campagne de l'Inde à laquelle se rapporte
la lettre qui précède, le contre-amiral Savary en a
fait trois autres dans les mêmes mers, et il a fait aussi
quatre campagnes en Chine.

Des indications très-sommaires à ce sujet suffiront
à faire ressortir de quelle activité il était doué, et avec
quelle ardeur, oublieux du danger, à peine arrivé au
port, il aspirait à reprendre la mer.

DÉSIGNATION Vaisseau, nom du Capitaine.	DESTINATION	PORTS d'embarque- ment et de débarquement	POSITION à bord	DATES	
				du départ	du retour
LE BERRIER Capitaine Vilpérout.	La Chine	Lorient	Volontaire	22 décembre 1767	19 juin 1769
LE PONDICHÉRY Capitaine Vilpérout.	La Chine	Lorient	Enseigne	6 janvier 1770	19 juin 1771
LES TROIS COUSINS Capitaine Sabatry.	L'Inde	Lorient	Lieutenant	Avril 1772	13 août 1773
L'ESPÉRANCE Capitaine Robineau des Molières.	L'Inde	Lorient	Lieutenant	Mai 1774	31 décembre 1775
LES TROIS AMIS Capitaine Bonfils.	La Chine	Lorient	Lieutenant	6 décembre 1776	28 octobre 1778 (1)
L'AJAX Bâtiment du Roi. Capitaines successivement, Bouvet et Beaumont-le-Maitre	L'Inde	Lorient	Enseigne	17 février 1780	8 février 1784
LES DEUX MARIES	La Chine	La Rochelle	Capitaine	12 octobre 1784	1er septemb. 1786
L'ÉTOILE Bâtiment du Roi. Capitaine de Foucaut.	L'Inde	Rochefort	Lieutenant de Vaisseau	11 juin 1788	20 juillet 1789

(1) Note supplémentaire. « Tous ces bâtiments armés par la Compagnie des Indes, soit pendant, soit depuis l'existence de son privilége, étaient d'un fort tonnage, qualifiés de vaisseaux et pourvus d'états-majors. Toujours, sur les journaux de mer, on trouve mentionnés sous leurs noms, comme embarqués, plusieurs officiers, un chirurgien-major, un écrivain, un aumônier.

Si l'on considère que antérieurement à toutes ces campagnes, le contre-amiral Savary en avait fait plusieurs en Amérique, on pourra se faire une juste idée de l'expérience que déjà il avait acquise comme marin à une époque (1789) où cependant près de vingt ans encore le séparaient du terme de sa carrière.

En doublant seize fois le cap de Bonne-Espérance où sévissent de perpétuelles tempêtes et qui est si redoutable aux navigateurs, le contre-amiral Savary avait couru bien des dangers et souvent échappé à une perte imminente; aussi trouve-t-on toujours cette mention consignée sur les journaux du bord, au retour de chaque campagne : « Le cap étant doublé, on chanta

---

« Il est dit de *Berrier* qu'il était du port de onze à douze cents tonneaux. »

Les faits suivants se rapportent au voyage du *Pondichéry :*

« Notre chargement étant fait, nous partîmes de Chine. . . . . Nous arrivâmes à l'Île de France pour y faire de l'eau, du bois et autres provisions et achever notre retour en France, sans relâche. Nous étions prêts à partir lorsque le bruit se répandit d'une guerre avec l'Angleterre. Le gouverneur avait reçu du ministre, M. de Choiseul, l'ordre d'arrêter tous les bâtiments qui seraient propres à faire des vaisseaux de guerre. En conséquence nous fûmes retenus, conjointement avec *le Duc de Duras, l'Indien, le Mars* et *le Triton.* Notre vaisseau, et *le Duc de Duras* qui arrivait avec nous de la Chine, avaient sans contredit les cargaisons les plus précieuses; leur valeur s'élevait à plusieurs millions et elles se seraient perdues à demeurer là. Les deux capitaines obtinrent une main-levée et nous partîmes aussitôt pour France, nous escortant l'un l'autre. Nous étions bien armés en monde et en canons, deux frégates ne nous eussent pas pris. Dieu merci, nous arrivâmes en paix. »

un *Te Deum*, à l'heure de la prière, en action de grâces du salut du navire. »

Tel est, Messieurs et honorés concitoyens, l'exposé que je désirais avoir l'honneur de vous faire. Il m'a semblé que les circonstances m'imposaient un devoir filial à remplir, et c'est de ce devoir que j'ai cherché à m'acquitter, avec le profond regret toutefois de rester seul aujourd'hui pour une œuvre à laquelle il appartenait si justement à d'autres de concourir.

Je me féliciterais d'avoir atteint mon but, si les personnes qui auront daigné lire cet écrit demeuraient avec moi convaincues que le contre-amiral Savary a maintes fois rendu d'éminents services à son pays ; qu'il a durant sa vie, et jusqu'à ses derniers jours, fait preuve de patriotisme, de courage ; qu'à des sentiments élevés il joignait une grande bonté de cœur, dont il a su, même dans des temps difficiles, ne se départir jamais.

Veuillez agréer,

Messieurs et honorés concitoyens,

l'expression de mon respect et de mon dévoûment,

G. SAVARY.

Imp. Ch. Moreau, à Melle.

www.ingramcontent.com/pod-product-compliance
Lightning Source LLC
LaVergne TN
LVHW010332030726
842520LV00004B/1406